Pinceladas Parlantes

Irlanda Ruiz

ASP
BOOKS®
ARTIST STUDIO PROJECT PUBLISHING LLC
AN INDEPENDENT MULTICULTURAL BOOK PUBLISHING COMPANY

2023

Pinceladas Parlantes

ISBN: 979-8988591306
Library of Congress Control Number: 2023942457

Poemas por: Irlanda Ruiz
Diseño de portada y foto por: : Keudis Sánchez
Colaboración: Susana Cisneros
Preparado por: Rafael A. Osuba

©2023 Artist Studio Project Publishing LLC

ASP BOOKS
5620 Millrace Trail, Raleigh, NC 27606
artiststudioprojectpublishing.com

ASP BOOKS
ARTIST STUDIO PROJECT PUBLISHING LLC
AN INDEPENDENT MULTICULTURAL BOOK PUBLISHING COMPANY

TABLA DE CONTENIDO

IV. SOBRE LA AUTORA

AGRADECIMIENTOS

A mi esposo Rafael Suárez Márquez: mi compañero de vida, amigo y apoyo constante.

A mi hijo Jean Claude Suárez Ruiz: mi eterno querubín, mi maestro, mi razón de ser mejor cada día.

A mi querido Profesor Juan José, (QEPD) mi siempre amigo y mentor, mi primer crítico, quien me ánimo a escribir y cuyas palabras siempre llevo en mi alma.

A Susana Cisneros: quien desinteresadamente y con paciencia revisó el libro y corrigió los errores.

A Rafael A. Osuba: quien aceptó el reto de publicar este poemario.

A Keudis Sánchez por diseñar la portada y tomar las fotografías.

A Arts and Science Council de Charlotte-Mecklenburg: gracias por la beca de Apoyo a Artistas que subvenciona parte de la publicación del libro.

A mis amigos, ustedes saben quiénes son: los que añaden valor a mi vida. Los que con sus palabras me motivan, los que creen en mí y así lo demuestran.

A los lectores: gracias por su amor a la poesía y por compartir conmigo a través de estas pinceladas parlantes.

PREFACIO

Escribí mi primer poema a los once años, en un trozo de papel y a lápiz.

Recién comenzaba a leer poesía y me enamoré de las letras de José Ángel Buesa y Pablo Neruda. Así que con muy pocas experiencias escribí algunas rimas, que con el tiempo se han transformado y al igual que su autora también han madurado. Han pasado varios años de esos primeros versos, que en principio eran estrofas al amor imaginado, los sueños y las aspiraciones. Con el tiempo los poemas pintan escenarios diferentes: sentimientos y experiencias que son parte de la vida, instantes que son un día a día transmutado en una existencia de alegrías y tristezas, de amplias sonrisas y dolorosas penas.

Pinceladas Parlantes es un lienzo escrito en el que el amor, desamor, anhelos, decepciones, realidad, fantasía y duelo se plasman. Es un poco de mi vida y la de otros. Es reflejo de golpetazos que enseñan y besos que envenenan, es simplemente poesía en la voz de una poeta puertorriqueña que hoy es parte de la diáspora que pinta en palabras versos de una mujer isleña.

POEMAS

MUJER EN EL MAR

Y caminó, caminó hacia el mar...

Caminó... perdió su inocencia...

¿Allí en el mar? No, en la arena,

en la tierra que no deja huellas.

No volvió atrás, no miró.

Se hizo llamar mujer juglar.

Desafió su alma, su verdad.

Es la vate hembra, la hembra al natural,

que escribe para ir al mar...

CONFESIÓN

Curiosa pregunta, la que escuché:

Poetisa: ¿A quién le escribes?

Sonreí, no respondí...

(¡Hombre, busca la respuesta en el mar!)

Hombre, escucha... Le escribo al mar.

Al mar impetuoso que me puede ahogar.

Al mar que se transforma en hombre.

Al mar que eres:¡Tú!

MIL POEMAS

Escribo, no sé porque escribo,

quizás, porque en mi alma llevo mil poemas.

Mil poemas que llevan un sólo nombre.

El nombre que le dio vida a mis poemas.

El nombre de un hombre dueño de mil poemas.

Poemas que habitan en el tintero de un corazón,

que le escriben a la vida y al amor...

Poemas que hablan de un hombre.

Mil poemas, un nombre y un hombre...

Un hombre cuyo nombre,

se escribe en cada uno de mis versos.

El nombre del hombre

creador de mi poesía.

¿QUIÉN ERES?

¿Quién eres?: pregunté,
y sólo el silenció respondió.
¿Quién eres?: insistí.
¿Una sombra, un espejismo,
un sueño, una ilusión?
¿Quién eres?
¿Cárcel, prisión, cadenas?
¿Quién eres?
¿Sentimiento u obsesión?
¡Sabrá Dios!
¿Quién eres?
¿Desengaño, tortura, traición?
¿Quién eres?
¿Hombre, objeto o animal?
¿Quién eres?
Eres tú, mi huella.
¿Quién eres?: pregunté
y sólo el silencio respondió...

ERES

Eres el verso callado y oculto,

eres la sinfonía de mi música,

eres el más hermoso sueño,

eres la rosa sin espina;

que dispongo hacer mía.

Eres el poema que aún no escribo,

porque es el mejor poema,

que jamás se haya escrito.

Eres tú, mi mejor poema.

Eres... mi poema.

¿Tú?

Murmullo imperceptible

en la soledad de la noche.

Fantasma errante,

en la oscuridad.

Sombra oscura,

que recorre la ciudad.

Pesadilla incesante,

que no quiere terminar

Libro prohibido,

intocable por demás.

Tatuaje grabado,

imposible de arrancar.

Recuerdo constante,

que no puedo olvidar

Fantasía e historia,

sin descifrar.

¿Tú?

Ilusión perdida,

en realidad, temida...

MALEFICIO

¿Magia blanca o negra?
Hechizo que desintegra,
su enigmática presencia,
confundiéndose su esencia,
en mis tristes pesadillas,
en guerrero de rencillas.
Rencillas de pasión,
hijas de una maldición,
sorda ante mi lamento,
cruel conjuro de un tormento,
un hombre puertorriqueño,
mi delirio caribeño.
Pasión aterradora,
sensación abrumadora;
él en mi alma atado:
¡Ficción que no he borrado!
Hombre, niño obsesionante.
¡Maleficio perturbante!

Y DIJE...

¡Te esperaré entre el tiempo desnudo en el silencio!

Entre las letras de las viejas poesías,

con imágenes de siluetas desteñidas.

¡Te buscaré entre las sombras opacas que callan tu
nombre!

Entre el ayer que viste de amarillo en el infinito de los
números sumados.

¡Te hallaré entre la música muda de los recuerdos
marchitados!

Entre el éxtasis y la muerte aguda de un indiscreto
pasado.

¡Te olvidaré entre la espera, la búsqueda y el encuentro!

Entre la música, las palabras y las letras que se escuchan
en el universo...

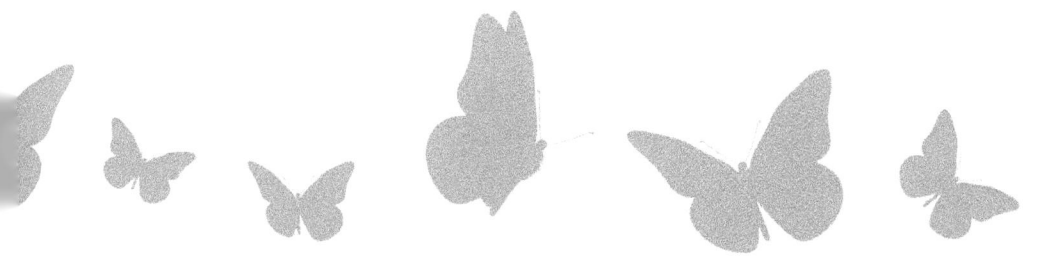

TUYA

Fui tuya...
sin amaneceres, mares o riachuelos,
que combinaran con el cielo.
Fui tuya,
entre las almohadas y sábanas
de una simple cama,
en un día de semana.
Fui tuya...
sin promesas, sin culpas, sin glorias,
en el momento que no olvida la memoria.
Fui tuya...
sin saber cómo serlo, sin desear entenderlo,
y sólo tuya sin ningún tipo de remedio.
Fui tuya...
y fue como en mis sueños,
y fue más que un simple deseo.
Fui tuya...
simplemente, porque era el momento de ser tuya.

TESTIGO

"Mar turbulento, testigo mudo,
de un apasionado amor" ...

Fugitivos, locos, presidiarios
de la furia de mil volcanes.
Mil volcanes embriagantes,
que una sola llama,
arden, crecen, se expanden...

Naves distantes, ligeras,
encontradas en un sueño,
atrapadas en un romance,
olvidadas en un instante.

Palabras abstractas, indescifrables,
grabadas en un papiro,
guardadas en la lejana distancia.

Perfumes tropicales, embrujantes,
martirizantes, dominantes.

Ladrones, prófugos criminales,
de un delirio frívolo,
atados a sus cuerpos enlazados.,
en una noche oscura, recordada,
una noche ansiada.

Náufragos...
Poseedores de un sentimiento,
(¿Amor?) ahogado en su anhelo,
un eterno y cruel castigo,
quedando de testigo el mar...

"Mar turbulento, testigo mudo
de un apasionado amor"...

HOY QUISE CALLAR

Hoy quise callar.

Hoy quise soñar, hoy quise imaginar, hoy quise amar.

Hoy reté al silencio, excité los sentimientos,

me desnudé contra el tiempo.

Hoy grité tu nombre a lo mudo

y toqué sin vergüenza tu cuerpo al viento.

Hoy quede inerte entre la lujuria

de los pensamientos inhibidos.

Hoy le di acceso a los pecados escondidos.

Hoy bebí del néctar prohibido.

Hoy desperté los sentidos.

Hoy vestí de música silente las caricias

de dos seres que en un verso se dan.

Hoy hice caso omiso a la cordura, la razón y el qué
dirán.

Hoy quise seducir, hoy quise besar,

Hoy quise recordar.

Hoy quise callar...

LO QUE FUE

Y fue lo que fue,

Una niña, que pensó era mujer,

Un niño que juraba era un hombre,

Un idioma, un lenguaje, un momento.

Unos relámpagos de pasión y tormento.

Una iglesia, una habitación memorable.

Una nieve fría que quema y arde.

Una lluvia helada que conquista y late.

Un atardecer que se desvanece en un instante.

Una noche que se repite, se plasma, se hace.

Un amanecer transformado de sueños e imágenes.

Una mañana de demonios y ángeles.

Un día de adolescentes irresponsables.

Una tarde de amantes insaciables.

Una semana de dos seres inseparables.

Un soplo de un despertar intrigante.

Un momento de adiós al romance.

Un instante de un fin inevitable...

UN AYER Y UN PRESENTE

Y aquella lluvia no parecía terminar...
Aguacero incesante en la hermosa penumbra.
Y fueron dos gotas que cayeron al río,
navegando hacia el mar, perdiéndose en la oscuridad.
Y fui yo, y fuiste tú.
Y fuimos dos bajo la lluvia.
Y fuimos dos bajo el fango de un mismo suelo...

Era de día, era de tarde, era de noche...
Era todo en un instante.
Era un niño y una niña que jugaban.
Éramos tú y yo haciéndonos hombre y mujer.
Y el silencio interrumpido por la lluvia,
y el fango bañando nuestros cuerpos
y limpiando nuestras almas.

El diluvio continuaba, cada uno intentaba nadar,
otros en su intento acaban por naufragar.
Sólo nuestros cuerpos vieron la cruz de palo
de nuestro Cristo crucificado...

Seres embriagados de pasión.

Blasfemos corruptos o románticos soñadores

(válidos nombres para quien no pone condiciones).

Dos seres que al amor se consagran.

No cesa la lluvia, no habrá de cesar...

Quizás, termine, cuando la humedad del fango

se acabe de secar...

-Un ayer y un presente... ¿por qué poetisa?

(Perdón, olvide contestar,

es que aún la lluvia no acaba de cesar) ...

PASADO

Su nombre y el de ella en una página amarillenta,

entre cartas de amor y estados de cuenta.

Siluetas borrosas de quienes fueron y no serán,

de seres que vienen y se van.

Eternos niños que con rabia viven,

y en sus vientres, el coraje, vierten

Amantes de antaño que en el calor enardecen,

se desnudan y encienden.

Fantasmas opacos en la realidad.

Cuerpos difusos en la falsedad,

que se queman con facilidad.

Dos que fueron uno

y hoy son ninguno.

Hombre, mujer: seres del ayer,

sombras desvanecidas en el atardecer...

FALSEDAD

Príncipe Azul,

de los cuentos de hadas,

doncella frágil consentida de los poetas.

Mito Oriental,

de todos el mejor.

Leyenda Occidental,

imborrable en el tiempo.

Destello luminoso,

Enel inmenso mar.

Luz incandescente,

en el hermoso firmamento.

¡Fingíamos ser tú y yo!

Siendo realmente:

amo y señor de la callada lujuria.

Esclava sumisa,

de la ardiente la pasión

Cuento extranjero,

sin principio, ni final.

Historia falsa,

olvidada con los años.

Reflejo oscuro,

en el planeta nuestro.

Sombra misteriosa,

del escondido bosque.

Esos somos tú y yo.

Verdad y mentira,

combinadas a la par.

Abismo hondo,

difícil de escapar.

Suspiro vano,

que al aire va.

Sentimientos callados

de un enigmático corazón.

Ilusión y realidad,

que en un beso se unen

y en una lágrima se van.

SEPARACIÓN

Cadenas que rompen,
cadenas que atan.
Fantasmas de la noche,
rondaron nuestras almas
y entre sombras oscuras,
un amor se perdió...
Marejadas de medianoche,
impetuosas y exaltadas,
asaltaron nuestras vidas,
para convertirlas en desiertos,
en lúgubres caminos,
en laberintos extraños,
que separaron para siempre,
nuestras dos almas...

PAUSA

Una pausa para sentir,
una pausa para observar.
Una pausa solemne,
en el minuto insistente,
de la apatía incoherente,
de una historia divergente,
en un mundo indiferente.

Una pausa para respirar,
una pausa para inspirar.
Una pausa atrevida,
perdida por la avenida;
del que fue y el no será,
en la carretera del quizás,
que cuestiona la realidad.

Una pausa para encontrase,
una pausa para amarse.
Una pausa valiente,
que resiste el precedente,

de manera consistente
en la entrega inminente
del alma subyacente.

J.C., MI BEBÉ

¿Te soñé alguna vez?, no lo sé,
pero te sueño siempre.
Mi indefenso niño de meses,
mi criaturita perfecta,
con sonrisa de ángel,
con los ojos de mami,
y un vivir por delante.

CALLÉ TU NOMBRE

Callé tu nombre a tu llegada,
bendije tu alma a tu partida.
Fue muy breve tu estadía,
y no hubo tiempo de despedida,
en el acaecido mal quebrado,
de un momento entrelazado.

Callé tu nombre, sepulté tu apellido,
protesté a gritos que te hayas ido,
y no pudiste ser criado,
y demostrarte que fuiste amado,
por culpa de la negligencia
que tronchó tu existencia.

Callé tu nombre en la noche,
colmado de inútiles reproches,
orando ante la pena,
rechazando la triste escena;
de la verdad y la mentira
de lo que representa la vida.

Callé tu nombre en la agonía,
y me refugié en la poesía,
ante el eterno desconsuelo,
de un perenne duelo,
que no me permite nombrarte
porque nunca podré olvidarte...

ESE VIEJO

Una voz y un silencio
que se confunde a la par.
Emociones de una vida
sentimientos de un vivir,
un compañero a donde ir...
Un abrazo esperado,
una sonrisa soñada...
Buscarte y encontrarte,
hablarte y entenderte,
ir sin miedo, hacer las paces.
Mi amigo sabio y consejero,
el viejo necio y severo.
Quise a uno, escogiste el otro,
pero eres padre, mi Padre.

ESA SEÑORA

Esa señora, ya no es ella,

su mente divaga, su cuerpo falla,

apenas está presente,

y se olvida de ser coherente

Esa señora no es mi madre,

y resulta triste ver su descuadre.

Su progresiva decadencia me afecta,

y no encuentro el hilo que nos conecta.

Esa señora, anda siempre indispuesta,

y antes del atardecer se acuesta;

ya no aprende cosas nuevas,

y no sabe si sale o entra.

Esa señora me causa pena y ansiedad,

y lamentablemente ya le alcanzó su edad,

no encuentro alivio ante su enfermedad

y cada día se convierte en una eternidad.

Esa señora se desvanece ante mi mirada,

y su esencia cada vez está más desgastada.

Su día a día es una enorme carga pesada,

que deja el alma extenuada

Esa señora se rindió ante la vida,

y anda toda confundida,

mientras yo lloro en una esquina

la pérdida de su identidad genuina.

AFLICCIÓN

Concluiste tu estadía
y quede inmóvil ante tu partida.
Te dije adiós, pero no hubo despedida.
Te fuiste en silencio, tranquila,
sin maletas, ni mochilas.
Ya no hay reproches, ni expectativas,
sólo recuerdos y narrativas.
Sonrío, pero estoy de duelo,
y no hay palabras de consuelo,
ante tu súbito vuelo.

PÁNICO

Con un nudo en la garganta,
con el alma destrozada;
entre el sol y la llovizna,
las entrañas se irritan.
El asalto que recién empieza,
la impotencia que te deja en piezas.
El corazón que se acelera,
y las manos que tiemblan.
Caes de rodillas en el suelo,
y te acorrala el miedo.
No puedes controlarte,
no puedes escaparte.
Te duele la existencia,
te hiere la persistencia,
Tus emociones te traicionan,
ya no eres la campeona.
Te ahogas en el llanto,
y le reclamas a los santos,
por este acto tiránico,
llamado ataque de pánico.

ME CANSÉ

Me cansé de ser fuerte y sonreír sin ganas

Me cansé de responder preguntas pendejas

y de ser políticamente correcta.

Me cansé del *networking* en las mañanas.

Me cansé de la hipocresía fatula,

y las espeluznantes falacias arraigadas.

Me cansé de la culpa heredada.

Me cansé de ser la trifecta perfecta,

y de las múltiples sectas.

Me cansé de las opiniones estúpidas.

Me cansé del que dirán y el ¿qué te pasa?

y de las doctrinas crasas.

Me cansé del trabajo constante.

Me cansé de no pausar, para seguir adelante

y de la jodía crítica constante.

Me cansé y estoy cansada.

Me cansé y lo digo en voz alta:

me cansé simplemente, de aguantar cabronadas.

SENTIMIENTO

Sentimiento, oculto y callado.
Prisionero,
tratando de ser libre
¿Para qué quieres ser libre?
¡Sí! libre,
has de sufrir mucho más
Refúgiate en tu cárcel
y procura no salir.
Ahoga tu pena,
olvida tu anhelo,
si no quieres sufrimiento.

HOMBRE Y MUJER

Preguntaste ¿para qué?:
la respuesta la debes saber,
el mar debes leer,
el silencio entender.
No busques respuestas, no;
busca los tatuajes grabados,
los libros prohibidos,
las pesadillas extraviadas,
los sueños escondidos.
Encuentra las fantasías,
los recuerdos errantes,
las caricias suaves,
los momentos insignificantes.
No preguntes, no hables.
¡Calla!, ¡Escucha!
Los cuerpos unidos,
los murmullos chismosos,
las ilusiones desteñidas,
el despertar de los sentidos.
No entiendes, lo sé.
Eres sólo un hombre con su Mujer...

PALABRAS

Una vez más habló,
una vez más lo dijo...
La palabra absurda,
el comentario aburrido,
las frases sin sentido.
Buscó hablar, decir las palabras,
en la ausencia de explicación
en la ayuna de una razón.
Palabras que no son palabras,
palabras egoístas e insensatas,
palabras dichas en un mal decir,
Las palabras atadas a un ser.
¿Porqué hablas? Si no sabes qué decir.
¿Para qué preguntas?Si la respuesta crees tener.
No gastes las palabras,
no hables tan siquiera en murmullos.
Quédate sumido en tu sueño profundo.
No gastes tu mente en pensamientos burdos
y no liberes las palabras de tu mundo.

¿ÁNGEL?

Llora un ángel, llora un cupido sin alas,
llora con sus rodillas en el suelo.
Llora, porque las personas son malas.
Llora porque se equivocó de nuevo.

Triste cupido, que creyó en la bondad.
Ángel melancólico que fue tonto en su juzgar.
Querubín deprimido, víctima de la maldad.
Ser desolado que ya no desea hablar.

¡Ay triste angelito, que tu imagen veneran!
¡Pobre niño santo, a espaldas difamado!

Llora un ángel, llora un querubín alado,
llora a causa de la mentira y el engaño,
llora porque su sonrisa se ha desgastado,
llora al transformarse en un extraño.

COMO LOCO QUE VENERA LA LUNA

Sonrió como loco que venera la luna,
desafió el ejército de las estructuras,
con mirada plácida y profunda
con el alma gastada, pero pura.

Corrió el maratón de lo absurdos,
entre burócratas, ratas e infames burdos
perdió la consabida carrera comprada,
pero recuperó su alma extraviada

Lloró cual niño perdido,
sólo, triste, cansado y abatido;
con las rodillas peladas en el suelo,
como quien ya no tiene consuelo.

Peleó con su ser y los otros,
se transformó en nocivo estorbo,
escondido entre las redes y el escombro,
un adolescente impetuoso, indiferente y sordo.

Rio como villano disfrazado,
Suspiró como jovencito enamorado,
Se liberó de su presente y su pasado,
y empezó a amar y ser amado.

Llegó sin querer llegar, a donde tenía que estar,
sin saberlo, sin pretenderlo, y sin poder evitarlo,
con la mirada plácida y profunda
como loco que sonríe y venera la luna...

ANÓNIMA POESÍA

Tumbas frías, cadáveres desechos.

¿Qué hay más allá que un sólo par de muertos?

Dos románticos ahogados en la inmundicia,

sueños de anocheceres, pesadilla de día a día.

Sangre derramada por una nada...

Sombras errantes en la eternidad de una agonía,

un mal instante que todo lo termina.

Y el secreto revelado que les costó la vida.

¡Traidores! ¡Herejes! ¡Mal Cristianos!

Gritos absurdos de bestias llamados humanos.

Y dos mártires sacrificados...

Crueles víctimas de la hipocresía...

Hijos sin padre, hijos de una triste melodía.

La muerte les cubre la vida,

la tortura divina por un pecado.

El amor que venció las estructuras.

Un adiós infinito que los separa y los une,

Dos tumbas anónimas que la hierba esconde.

Un hombre y otro hombre,

en la definición de una poesía.

LA MALAPALABRA

No me intimida lo obsceno, ni lo gráfico,

ni me perturba lo que llaman pornográfico.

Una palabra impúdica, no altera mi existencia,

pues su proceder tiene pertinencia.

No me asusta rimar disputa y retoño,

pues puedo usar substituta y otoño.

Ya sean sustantivos o adjetivos,

todo lo expresado tiene su objetivo

Y aunque los puritanos se inquieten,

soltar un coño hace que te respeten.

Y esas palabras, aunque arriesgadas,

no son más que una triste coartada,

epítetos desgastados en la pena,

pero que no matan, ni encadenan.

Sin embargo, hay una palabra desgraciada,

que, sin duda, debe ser despreciada.

Esa palabra se viste de color rosado,

y va por la vida como ente desalmado.

Es cáncer la palabra maligna,

que destruye de forma indigna,

que desconoce lo que es clemencia

que te roba la vida, sin consciencia,

mientras luchas por preservar tu esencia.

BRINCANDO EL CHARCO

Se empacan maletas, se reserva un vuelo,
se dan abrazos y decimos hasta luego.
Damos un paseo largo por la Isla del Encanto,
y acallamos la voz del quebranto.
Fotografiamos los flamboyanes y ríos,
antes de tomar un nuevo desvío.
Dejamos atrás el terruño y el cuatro,
recordamos los amigos, sin hacer teatro.
Y aunque tengas la misma ciudadanía,
el mudarte es disímil a tu fantasía.
Aterrizas en una ciudad indiferente,
pero caminas erguida y sonriente,
una mejor vida está a la vuelta de la esquina,
aunque te sientas por años como peregrina.
Haces ajustes y sigues adelante,
publicas en las redes a cada instante.
Extrañas la familia, las alcapurrias y el coquí,
pues no importa dónde estés, eres de allí.
Abrazas de vez en cuando la bandera,
pero no se regresa, aunque se quiera.
Comienzas un nuevo capítulo en el embarco,
pues ya brincaste el charco.

TEJIENDO CON ACENTO

Trapos, hilos y agujas:
herramientas del arte que se dibuja.
Arte que sustenta el alma y la mente;
Arte que se teje en la historia y el presente.
Tejiendo cestas, tapices y ambientes.
Tejiendo para sobrevivir,
tejiendo por un mejor porvenir.
Un porvenir de fibras desafiantes,
de mujeres y hombres; únicos e insinuantes.
Con acentos marcados y actitudes distantes.

Hebras e hilos, bailando unidos en la arena,
Con alegría, dolor y a veces pena.
Honrando a nuestros ancestros y cultura.
Mirando en silencio como brillan las costuras,
Diseñando imágenes y palabras que rimen.
Quebrando las expectativas que oprimen.
Cuestionando nuestra existencia.
Tejiendo emociones, lenguaje y presencia.
Debatiendo en telas, nuestra pertenencia.
Delineando un legado para que otros sigan.
Zurciendo nuestra identidad, a pesar de la fatiga.

Combinando amor y sudor juntos.
Cosiendo el español en un conjunto.
Ocultando acertijos en trajes de puntos.
Tejiendo con miedos y suposiciones.
Calmando el alma con esperanza e ilusiones

Esbozando las pasiones y el trabajo duro.
Entrelazando las quimeras y el futuro;
De nuestro ser oriundo.
Batallando tempestades cada segundo.
¡Tejiendo con acento para el mundo!

ESENCIAL

Busco trabajo, gritó en el bar.

Busco trabajo, publicó en la red social.

Busco trabajo en el campo o la ciudad,

y trabajo halló, antes de despertar;

en la construcción,

en los patios,

en los restaurantes

y los caminos rodantes.

Y en un trabajador se transformó.

Un trabajador inmigrante,

de día a día, de sol a sol,

con un propósito, con un rol

con paga diaria o semanal,

pero, sin días de enfermedad.

El que lucha por un futuro mejor,

el trabajador inmigrante esencial

que cuida, limpia y construye

sin derecho a asistencia federal.

MORIR, POR ESTAR LUCHANDO

Cruzar fronteras por un sueño;
trabajar fuerte y con empeño.
Imaginar un porvenir formidable;
convencido de que es alcanzable.
Cambiar la patria por otro suelo;
ocultando la pena en un pañuelo.
Aceptar riesgos insensatos;
para llevar comida a los platos.
Soñar despierto en el proyecto,
y pasar por alto los defectos.
Subir a los andamios por un salario,
para convertirse en propietario.
Montarse en una enorme excavadora,
mientras en silencio se especula y ora.
Pasar las noches en desvelo,
pensando en los padres y el abuelo
Dejar el cuero en el cemento,
sin gloria; ni reconocimiento.
Perder, la vida trabajando;
morir, por estar luchando.

LIBERTAD

Fuga medieval,
adaptada al presente.
Gritos, lágrimas,
sollozos, todos locos.
Razas mezcladas
buscando identidad.
Aventuras prohibidas
en una isla absurda.
Fuerza espiritual,
latir constante.
Cañaverales encendidos,
un sentir rugiente.
Dos extraños:
Un vacío sin final.
Sinfonías latinas:
¡Hispanoamérica bendita!
Asignación secreta,
Defensora de un ideal...
Piratas de una odisea,
jueces, enfermos poetas.

Cielo constelado,
Estrellas puertorriqueñas.
Temor nefasto,
sendero práctico.
Minoría intrigante,
mayoría dominante...
Deseos borinqueños,
suicidios materiales.
Huella centenaria,
imborrable, inseparable.
Cambios delirantes,
extraños, imparables.
Tierra isleña, patria errante,
Isla Grande, Isla de amantes
que gritan callados su pie forzado:
¡No seamos más esclavos...!

OTOÑO

Hoy las hojas del camino,
se tiñen de amarillo, naranja y vino;
se transforman y embellecen
de manera tímida y solemne.
El otoño hace su entrada,
y se luce sin coartada;
tanto en la tarde como la mañana,
en la ciudad, llano y montaña.
Una nueva estación se manifiesta
y con alegría se viste de fiesta.
Deslumbra con su simpleza,
ante su efímera belleza.
Los pétalos se transmutan
en una naturaleza que no se inmuta,
pero que crece y madura
cuando cambia de vestidura.

PRESENTE

Hoy celebro mi energía liberada,
y elimino la apatía descarada.
Paso la página y tiro el pañuelo,
agarro las maletas y alzo vuelo.
Suspiro como niña enamorada,
y recito poesías elaboradas.
Instalo en mi aura armaduras,
y enderezo las corvaduras.
Subo peldaños en cada paso,
evitando la llegada del ocaso.
Canto a la vida desentonada,
y me rio como si nada.
Bailo a un ritmo que contagia,
y manifiesto un presente de magia,

EN LA SOLEDAD

La soledad me centra, me invita y me tienta;

me envía mensajes y no espera respuesta.

Me incita a escribir versos disruptivos,

que por lo general no hacen sentido.

En la soledad voy despacio, respiro, y pauso,

rompo ataduras que marcan el alma,

mientras grito a viva voz, malas palabras.

En la soledad, soy impropia e imprudente,

explosiva, vulnerable y ambivalente.

En la soledad, lloro descontroladamente,

y destruyo las armaduras que me protegen.

En la soledad no hay urgencias,

y contemplo en silencio mis vivencias.

En la soledad, dejo atrás las creencias impuestas,

y rompo todas las etiquetas.

En la soledad, valido mi pertenencia

y disfruto a plenitud las incongruencias.

En la soledad simplemente, soy poeta.

SIMPLICIDAD

Un café con leche al despertar,
un atardecer a la orilla del mar.

Un caminar sin destino,
una noche de poesía y vino.

Un hogar bien construido,
una existencia sin ruido.

Un cuerpo bien cuidado,
un espíritu alineado.

Una hermosa primavera,
una siesta en la palmera.

Una flor azul silvestre,
un pasatiempo ecuestre.

Una mariposa voladora,
una mujer soñadora.

Un peldaño alcanzado,
un porvenir celebrado.

Momentos compartidos,
un pasado bien habido.

Una sonrisa de complicidad,
una vida de simplicidad.

SOBRE LA AUTORA

Fotografía por Keudis Sánchez

Irlanda Ruiz nació en Humacao,
Puerto Rico en el siglo XX.
Sus primeros versos los escribió a la
edad de los once años.

Irlanda, completó un bachillerato en Artes con
concentración en periodismo de la Universidad de
Puerto Rico, posteriormente estudió Derecho y posee
además una maestría en Educación.

Sus escritos han sido publicados en diversos medios como revistas literarias, antologías y periódicos. Ha recibido varios premios literarios y es además autora de Equidad en el Aula: Guía de acomodos razonables para instituciones educativas privadas. Actualmente forma parte del Colectivo Obra y es miembro de varias organizaciones artísticas y cívicas.

Pinceladas Parlantes son palabras dibujadas en el alma de una poeta puertorriqueña, es un lienzo escrito en el que el amor, desamor, anhelos, decepciones, realidad, fantasía y duelo se plasman. Es reflejo de golpetazos que enseñan y besos que envenenan, es simplemente poesía en la voz de una poeta puertorriqueña que hoy es parte de la diáspora que pinta en palabras versos de una mujer isleña.

Este poemario es publicado gracias a una subvención Arts and Science Council de Charlotte-Mecklenburg.

ARTIST STUDIO PROJECT PUBLISHING COMPANY LLC.
UNA EDITORIAL INDEPENDIENTE DE LIBROS MULTICULTURALES

Acerca de ASP Books: Artist Studio Project Publishing Company, también conocida como ASP Books, es una editorial independiente de libros multiculturales interesada en todos los libros y escritos latinos creativos, académicos y culturales escritos por y sobre puertorriqueños, latinoamericanos, mexicoamericanos, cubanoamericanos, centro-americanos, hispanoamericanos y escritores latinos de color.